精神科病院を出て、町へ

ACTがつくる地域精神医療

伊藤 順一郎

岩波ブックレット No. 854

はじめに

僕たちは、精神医療という分野で、二〇〇〇年ごろから**ACT**（Assertive Community Treatment：包括型地域生活支援プログラム）という支援方法にこだわって、その実践や日本での普及に取り組んできました。

ACTとは、精神科医、看護師、作業療法士、精神保健福祉士などがチームを組み、地域社会のなかへ訪問していき、精神障害をもつ人々の治療やケアにあたるという方法です。

ACTの**Assertive**とは「**積極的にねばり強く**」、**Community**は「**地域社会の中で**」、**Treatment**は治療でもあり、支援でもあり、「**包括的に関わる**」という意味です。そして、「積極的にねばり強く」関わるためには、そこに利用者の可能性を信じることにより生まれる良好な関係が必要です。利用者が地域社会のなかで自分の人生をとりもどす。そこで暮らし、働き、愛し、そして意味のある貢献をする。そのようなありかたを、ともに喜びめざすことのできる支援が必要です。

ACTの実践の試行錯誤を繰り返し、今、僕たちがたどり着いた感想は、ACTの実践を日本に定着させようとすることは、そのまま「精神医療」という言葉の意味することを変えることにつながるということです。

精神医療が、鉄格子や鍵のかかった扉の向こう側にあるのではなく、町の中にあって、だれもがアクセスしやすいものになること。治療のための強制的な手段は極力少なくなり、代わりに、安心感や安全保障感を生み出す人と人との関係性が、医療や支援の真ん中にあるものとすること。そして、病いの治療に関して、いつまでも医療者が「教え知らしめ」たり、薬物療法の処方箋を書くだけの存在でいるのではなく、病いを負った人が自分で自分を助け、自信を取り戻す、それを支援する人として存在すること……。ＡＣＴの実践のなかでより鮮明になってきたことは、これらの実現が、精神医療そのものを入院病棟から解き放ち、人の生活を有意義なものにする医療となることに、貢献するであろうということです。

この本が、精神医療という窓からの視点として、地域社会における人と人とのありかたにほんの少しでも問題提起が出来、多くの人々が、「こころの病い」や「脳の病気」と呼ばれる精神疾患や、それに対処する社会の仕組みについて、考えを深める役に立つことが出来たら、こんなうれしいことはありません。

1 「精神科病院への入院」がもたらすもの

急性精神病状態という体験

まず、本書の読者であるあなたが精神科病院に入院するという状況を想定してみましょう。

ここでは代表的な事態として、急性精神病状態と呼ばれる状態になったと想定してみましょう。これはしばしば、統合失調症などの急性期にみられるものですが、その中心にあるのは、聴覚を中心として、視覚や触覚などのさまざまな感覚が敏感になり、かつ、異様になるものです。何か漠然とした不安感や、思うように生活ができないといった不全感とともに、ある時から、たとえば町を歩けば、周囲の人々のしぐさや視線が大変気になり出し、また、それらが自分をあざけっていたり、バカにしているように感じてしまいます。また、誰もいないはずなのに「バカ！」とか「死ね！」などと言ってくる声が聞こえたり、具体的な悪口が耳に響いたりもします。逆に自分の考えていることが、周囲に筒抜けになっているように感じたり、自分にテレパシーが伝わってくるように感じたりしてしまうこともあります。

こういった体験は、強い恐怖感や不安感を伴っていて、なにかこの世の終わりが来るような気がしたり、自分が周囲の人々からすっかり疎外されているような気持ちになってしまうこともしばしばです。ちょっとした家族の一言が自分を責めているように感じていらいらしたり、友人の笑顔が自分をバカにしている証拠のように感じて腹を立ててしまったりすることもあります。また、夜も眠れないことが多く、常に神経が休まらない中、自己否定的な考えや焦燥感で頭の中がいっぱいになり、「何をしていたらいいのか」「どんなふうに生活をしたらいいのか」がいっそうわからなくなってしまいます。

そのため茫然自失《ぼうぜんじしつ》となって、結果ひきこもりがちになったり、食事なども味わって食べることが出来なくなったり、落ち着きなく、焦りの塊になって歩き回ったりすることもあります。「テレビが自分のことをしゃべってる！」と興奮して、テレビにものを投げつけようとしたり、「近所に見張りが立っている、危ない！」と考え、昼間から雨戸を閉め切ったりというように、行動にまとまりがなくなってしまうこともあります。

こんな状態で、人は精神科病院の門をくぐります。たいていは自分の意志ではなく、家族の強い促しで。「きっと疲れているのよ」「ゆっくり休んだ方がいいのよ」といった言葉に、半分は「確かにそうだ」と思いながら、半分は「うまいこと言ってだます気だろう」「やさしい言葉の裏に何があるかわかったものではない」とか感じながら。頭は素早く回転していますが、空回りに近く、状況が良くわからなくなってしまった状態で、無理やり家族に車に乗せられます。そして、着いたそこは、今まで来たことのないところ。気がつくと、一緒に来ている家族もかたい顔つきをしています。無機質で殺風景な待合室では、「なにか嫌なことが起きる」「だまされて殺されるのではないか」というような気持ちは、さらに高まってしまいます。「あらゆることが信用できない！」そのような心境の時に、初めて会う白衣を着た医療者は、いったいどういう人物なのか。「診察」が始まると、安心感より、警戒感のほうがますます高まります。まして、その医療者が自分の話よりも家族の話を熱心に聴いているようだったり、いかにも事務的に話を聞いているように感じると、「僕は病気じゃない、おかしなことになっているのは周りのほうだ！　みんなで僕を無き者にしようとしているんだ」と、緊張と恐怖は募るばかりです。

「神経が疲れているから、薬を飲みなさい」と横柄にいわれても、飲む気がするものではなく、「調子のいいことを言って毒を飲まされるのではないか」という疑いも膨らみます。「僕自身の抱えている不安感、恐怖感は誰もわかってくれない、それどころか僕自身が否定されている！」と感じれば、声を荒らげたくもなります。

そんな時に聞こえてくる、「もうとても心配で、家においておけません」「それでは入院させましょうか」という家族と医療者との会話。それは、どれだけ不安を高めるものとして聞こえてくるでしょう。特に、これが初対面、つまりこの医療者のこともまだ何も知らないうちに告げられる言葉であった場合は、「とうとう閉じ込められるのか！」「殺されるのか」といった恐怖心が、当たり前のようにして生まれてしまうのです。自分自身やることなすこと空回り、自分は周囲から必要とされているわけがない。そうか、これは「お前のような人間は生きている意味がない」

という宣告だ。「入院しましょう」という言葉は、言われ方によっては、「とうとう世の中から抹殺される時が来た」と感じられてしまう響きを持っているのです。

急性精神病状態での突然の入院治療の始まりは、当初からこのような恐怖と絶望を伴うことが多いのです。

「閉鎖病棟」への強制入院がもたらすもの

さて、この時、精神科医はあなたに対して、病名あるいは今起きている状態についての説明を行い、入院を勧めます。

そのようなとき、たいていあなたは頭の片隅で「確かに自分は疲れている、神経も過敏になっている、だから休むのは必要なことかもしれない」と思うと同時に、「精神科に入院するなんて、それは人生の終わりってことじゃないか」とか「この人たちは僕をだましているのかもしれない、問題は僕の方じゃなくて、みんなのほうにあるのに」などと考え、容易に入院に同意する気になれません。あなたは急性精神病状態で混乱しており、周囲の人々と相談しながら、その人々とより良い選択肢を選び取るという、そういう手続きを落ち着いてする余裕がなくなっています。そのため、このような場合、医師の判断と、家族など保護者の判断とによる、本人にとっては非自発的入院、ようするに強制的な入院となることが多いのです。すなわち、急性精神病状態の入院治療は、納得していない入院というところから始まることが多く、それが入院治療に否定的な印象を与えてしまいがちです。

そして、このような場合、たいがい閉鎖病棟への入院となります。閉鎖病棟というのは病棟の入り口が二四時間施錠されている病棟です。混乱していて、たとえば落ち着いてベッドに横たわって休むとか、病棟のルールに従って病棟の中で落ち着いて過ごすということが難しい場合は、閉鎖病棟への入院になります。

ところで、入院に際しては、家族やスタッフに伴われ病棟まで移動しますが、病棟に入るときのちょっとした〝儀式〟として、持ち物の検査があります。ちょうど飛行機に乗るときに手荷物のチェックをするようなもので、たいてい看護師の仕事として行われます。これは、なかには症状のために自分を傷つけたい気持ちになっている人もいるので、「危険」と思われるものをチェックすることが目的です。たとえば、はさみとか片刃の剃刀《かみそり》とか、不要に長いひも状のものなども持ち込みの制限を受けることがあります。また高価な指輪などの貴重品の持ち込みも、紛失の恐れがあるので断られます。これらは、実施する側からは、入院生活を安全に管理するための手続きなのですが、入院をする側からは、自分の生活に必要なものをはぎ取られたような気分になることもあります。ただでさえ納得できていないのに、このような儀式の中で、守られている感覚、安心感はなかなか芽生えてこないことが多いのです。

さて、閉鎖病棟ですが、病棟の入り口には、外界から遮断している扉があって、ここの鍵はスタッフによって管理されています。もちろんこの鍵は、病棟の外へ患者さんがひとりで外出できないようにするためのものです。このような病棟は、窓も二〇センチくらい以上は開かないような仕組みになっています。つまり、ふつうの心境であれば「閉じ込められた」という気分に容易になるような、そんなつくりになっているのです。これらは、入院をしている人たちが、症状からくる不安や恐怖のために心ならずも飛び出さないようにするための装置だといえるわけですが、納得がいかないまま入院という状態に陥ってしまった者にとっては、それもまた、「自由ではない自分」を意識させるものとなり、そのような事態に陥ってしまった自分に対する、絶望感や自己嫌悪感を増やしてしまうこともおきてしまいます。

さらに、入院をすることで不安が高まり、たとえば「一刻も早く退院したい！」との思いから大声をあげたり、体を病棟の扉に打ちつけたり、あるいは、薬を飲まされようとするときに激しく抵抗したりなど、行動が乱暴になることがあります。このような場合は、「一般病室では処遇が困難な状態」と判断され、隔離室という個室に入室させられて施錠されたり、あるいは拘束帯というものを使って、ベッドに拘束される（「抑制」などと呼ばれます）こともあります。

隔離室は、そもそもは病棟という環境で受ける不必要な刺激を遮断して安静を保つための装置であり、拘束という行為も本来は看護にあたる者が、さらにそばに寄り添うことを可能にするために行われるはずなのです。しかし、しばしばマンパワー不足から、隔離室入室や拘束の状態に寄り添い続けるサポートは不十分です。そのために、これらの行為は入院をした者にとって「懲罰のために行われた」と受けとめられがちで、そのために、ここからの治療関係の立て直しには多くの時間を費やさざるを得ないことがあるのです。

つまり、急性精神病状態での非自発的な入院は、その構造上、安心感や安全保障感を入院した者にもたらすような形では始まらないことも多いのです。

病棟の暮らしで生じてしまうこと

あなたが、病棟で過ごすようになり、数日たったとします。

精神科に入院したら、いろいろと自分のつらさを受け止めてくれて、家で過ごしていた時のような焦りの気持ちから解放されるのではないかと期待したいところですが、病棟は、のちにも述べますが、構造的につねに人手不足の状態にあります。主治医は一人で三〇人も四〇人もの入院患者を受け持ち、外来診療も持っているのでとても忙しく、「いつでも会える存在」ではありません。良くて一日数分、「なぜ入院をしたのか」「この病棟では患者はどのようにして過ごすとよいのか」「治療としてはどのようなことが行われるのか」といった、治療に関する説明を聞いたり、話し合うような機会は週一回取れるかどうかです。

カウンセラーやソーシャルワーカーといった職種も病棟に一人か二人配置されていれば上等なほうで、なかなか会えないことの方が多いのです。頼みの綱は看護師ですが、彼らも記録を書いたり、病棟の中を駆けずり回って忙しくしていることが多く、ゆっくり話ができる機会はなかなかとれません。むしろ、隔離室に入れられたり、拘束をされていたりしたときのほうが、言葉を交わす機会は多いのですが、そういう状態では、自分の自由がうばわれていますから、こちらが心を閉ざしがちになってしまいます。また、家族や友人との面会で、なんとかこの状況を変えたいと思っても、面会自体、主治医の判断で制限されています。外への電話はできても、会える頻度は限られているのです。

結局、同じ病棟にいる入院者の存在が、話し相手だったり、自分の状況を確かめる情報源だったりします。何度か入院をしたことがある人の話を聞いたり、長く入院をしている人の話を聞くと愕然ともしますが、病棟の様子が大体わかって、すこし安心したりすることもあります。けれど、入院している人々にもいろいろな人がいますから、安心感が常にもてるとは限りません。入院が、かえって神経を疲れる状態にさせたりもするのです。

もし、あなたが急性精神病状態で入院し、混乱が著しく、落ち着いてものごとを考えにくい状態だったとしたら、最初に行われるのはその状態を改善するための薬物療法です。ここからの回復には十分な睡眠を必要とすることもあり、また、病棟管理の面からも安静を保っていてもらった方がよいので、鎮静効果の強い薬物が使われることもあります。感覚としては、頭が忙しく働きすぎている状態に薬の力で強力にブレーキをかける感じでしょうか。これは、今まで一人で孤立無援と感じ、不安の塊になりながら神経を張りつめていた状態に対して、強制的にでも十分な薬物療法が行われることで、それを緩ませ、自分の身を人にゆだねることを自分に許さざるを得ない体験であるともいえます。

これは、かなりあやうい体験であり、この時に自分の身を医療者にゆだねる体験を支えてくれるのは、安全保障感の存在です。自分が混乱のあまり騒いでいても「大丈夫だよ、私たちはあなたの味方だよ」と手を握りながら寄り添ってくれる看護師の存在、「ゆっくり眠ることが出来たら、少しずつ気持ちも楽になってくるはずだから」と治療の道筋を教えてくれる主治医の存在、あるいは口にした食事の温かさ、おいしさ、意外に穏やかで明るい感じの病室――そのような、あなたを取り囲む環境のありかたが、うとうとした眠りの中で、「ああ、ここで自分は少し休んでもいいのかもしれない」とあなたの気持ちをなごませ、あなたの自然治癒力を膨らませてくれるのです。

もし、これらの要素があなたを取り囲む環境に感じられなかった場合、あなたはこの体験を単に、屈服させられた体験としか感じないかもしれません。あるいは、溺れる者が藁《わら》をもつかもうとして、その藁が何の役にも立たないことに愕然として、安全保障感を失ったままになってしまうかもしれません。そのような時、「こんな状況になっているけれど、私たちはあなたの味方です。あなたが自分を回復するまで見放さずにそばにいるから」と、病棟のスタッフが向き合ってくれていると感じられるかどうかで、入院治療の意味はあなたにとって全く異なったものになるでしょう。そして、そのようなことを期待するには、精神病棟のスタッフ数はしばしばあまりにも少なすぎるのです。

2　日本の精神医療がかかえる歴史的事情

ここで、ざっとですが、日本の精神医療史をおさらいしておきましょう。

まず、日本の精神医療が欧米諸国と最も異なる点、それは国の方針として、精神科病院の運営を民間の人々に任せてきたことにあります。

アメリカでもイギリスでも、いわゆる先進国と呼ばれる国々では、精神医療を公的な病院が担ってきました。日本にも例えば都立松沢病院のような都道府県立の病院や国立の病院はあって、救急医療などの分野で重要な役割を果たしてきていますが、約八割の病院は民間立の病院なのです。つまり国は精神医療の運営を民間病院に任せてきたことになります。そのため、日本の精神医療は経営を常に考えながら行う、事業としての面を最初からもたざるを得ませんでした。

「精神科特例」の意味したこと

昭和三〇年代、歴史的な事実として、日本では精神科病院の大増床が突貫工事的に行われました。それに先立つ昭和二五（一九五〇）年、「**精神衛生法**」が施行され、私宅監置が禁止されました。私宅監置とは、それまで、精神に障害をもった人の世話をしていた家族が、誰にも頼ることが出来ず、また世間から病人を隠しておきたい思いなどから、自宅に座敷牢のようなものを作ってそこに病人を閉じ込めていたことを指します。国はその代わりに、都道府県に公的な精神科病院を作り、そこで精神障害をもった人々の治療を行うことを求めたのですが、財源不足などから遅々として進みませんでした。

結局、民間の力にゆだねようということになり、精神科病院が作りやすいよう、国は昭和三二(一九五七)年に、「医療法の**精神科特例**」と呼ばれる厚生省(現・厚生労働省)事務次官通知を出したのです。これによって、精神科における精神科医の配置基準は一般科の三分の一、入院患者四八人に一人でよいことが定められ、看護職も一般病床の三分の二、入院患者六人に一人でよいことが定められたのでした。さらに昭和三五(一九六〇)年、きわめて低金利で融資を行う医療金融公庫(現在は独立行政法人・福祉医療機構)が設立されると、精神科病院づくりに拍車がかかり、毎年精神科病床数は一万床から一万五〇〇〇床といったハイペースでのびていきました。

これらは、戦後の高度経済成長の始まりにあたって、労働力として期待できない人々を大量に収容することが意図されたことを表します。特に昭和三九(一九六四)年におきた統合失調症を患った少年によるライシャワー米国大使刺傷事件は、「精神病者を「野放し」にするな」キャンペーンを生み、「患者狩り」と呼ばれるような強制入院を促進してしまったのです。そして本来、自分を傷つけたり他人を傷つけたりする恐れのある患者さんに対して行われる、全額公費による「**措置入院**」が、貧困層の患者さんの入院にあたって極めて甘く適用され、これによって、民間病院に大量の措置入院患者が生まれました。これは「**経済措置**」と呼ばれますが、全額公費ですから、病院側はとりはぐれることなく、確実に入院費を得ることが出来たのです。

これらの歴史は、日本の精神科病院が治療的な装置ではなく、精神障害をもった人々を社会から隔離する装置として大量に作られてきたことを表します。そこでは民間病院と言いながらも、治療の質を中心とした競争原理——治療成績が良くて周囲の評判もよく顧客である患者さんから信頼される病院が、さらに顧客を集め収益を上げることで治療環境を良くして、いっそう質の高いサービスができるようになるという、よい循環が生まれる競争原理——が働かなかったわけです。

むしろ、精神科特例が促した「少ないスタッフによる病棟」の構造は、治療的取り組みを阻み、精神医療の現場では一時、患者を長期に療養のため入院させておくことが、患者さんのためにも、家族のためにも、社会のためにも、病院の経営のためにも良いのだという文脈がつくられてしまいました。そして、他科よりも格段に低く抑えられた入院療養費のなかで、長期入院の患者さんで病院を常に満杯にしておくことが、手間をかけずに経営を安定させるために、最も効率の良い方法として、なかば黙認されてきたのです。

こうして、低医療費施策、そして精神科特例による低いスタッフ配置により、多くの精神科病院で入院患者は閉鎖的で劣悪な環境の中、希望もなく、何年も過ごすという状況が長期間続きました。希望を失った入院患者は、大部屋という、ひどいところでは畳を敷き詰めた二〇畳くらいの部屋に、十何人もが一緒にいるような場所に詰め込まれて過ごしてきたのです。そこで、さらに混乱をきたす患者さんは、鉄格子がはまり、寝具の他には何もなく、トイレと部屋の境目もない「保護室」に監禁されるのでした。

そして、もっとも恐ろしいことは、このような状況にあって、最初は戸惑いと矛盾を感じていた医療スタッフや家族も、やがて、「仕方ないこと」「こんな状況があたりまえ」と思うようになり、そういう意識の中で、きわめて管理的な「治療」文化が作られてきてしまったことです。

入院治療では生活がうばわれる

そのような流れの中、精神障害をもった患者さんは、医療者が管理するのがあたりまえ、という文化が作られてしまいました。そこに、個々の患者さんがかつて市民として暮らしていた時の生活というものはありませんでした。「患者」と、集団でくくられ、病棟の中で過ごすことが、その時間のすべてでした。長期の入院の中で、彼らと地域社会をつないでいた、人とのつながりや、身につけていた生活や仕事の技能は失われ、そのことが彼らの退院してからの生活の可能性をいっそう奪ってしまったのです。

当時の状況にあっても、良心的な医療者の努力がなかったわけではありません。けれど、彼らの努力は、いかに良い環境の中で、患者さんが療養生活を送れるか、治療的な行為が行われるかということに向けた努力にとどまっていました。入院に至る前の医療の重要性、入院を減らす方法、退院後のリハビリテーションの重要性などについての考えは当時まだ、日本にあっては十分に芽を出していなかったように思います。

その前に、精神病棟の中で行われてきたことが医療の名に値しない、まずはこれを何とかしなくてはという認識が、良心的なあるいは改革を望む医療者にはあったでしょう。また、地域で精神障害をもった人々を支える装置、たとえば共同住居や作業所のようなプログラムにいたっては、国は助成金すら出さないため、退院したのちに患者さんを支えるような場所はどこにもない、という状況にあり、そこにまで多くの医療者の眼が向くのは困難であったのだと思います。

ところで、昭和三〇年代になりクロルプロマジンという、幻覚や妄想に有効な抗精神病薬による薬物療法が日本でも行われるようになりました。昭和三九(一九六四)年にはハロペリドールという、さらに抗幻覚作用の強力な治療薬が発売されます。これらの薬は今でも使われており、使われ方によっては大変役に立つ薬でもあります。事実、多くの患者さんの幻聴や妄想などの症状がこれらの薬を用いることで和らぎ、気持ちも安定して、退院が可能になりました。「薬を主たる治療の手段とする」ということは、おそらく、それまでの収容一辺倒で、時に電気痙攣《けいれん》療法が一方的に行われるぐらいであった現場に医療的な雰囲気をもたらしたことでしょう。そして、医療者と患者さんとのコミュニケーションも、以前に比べて円滑に行われることが可能になり、劣悪な状況にあっても、少しずつ改善を試みようとする動きが出始めてきました。

たとえば、開放処遇といって、鍵のかからない病棟で患者さんを処遇するという試みが行われるようになりました。これは病棟の管理体制を緩め、患者さんが一定の制約の中、自由に外出をしたり、買い物をしたり、生活の匂いのする時間をとりもどそうという試みでした。昭和四九(一九七四)年にはデイケアと言って、日中レクリエーションや作業などを行いながら社会的な交流のリハビリテーションを行う通院のプログラムも、診療報酬の中に組み込まれるようになりました。

しかしながら、治療の主たる場は病棟の中であるという認識に大きな変化は起こらず、また、精神障害をもつ者の生活は医療者こそが管理すべきという風潮もまだまだ主流でした。そして、低医療費施策、精神科特例による低いスタッフ配置は、そのままでしたので、入院後、患者さんが漫然と日々を過ごすという形は、多くの精神科病院において変わりませんでした。抗精神病薬の登場は、見方を変えると、「患者の鎮静化に役に立ち、管理しやすくする」という側面をも持っていたのです。

この間、昭和四三(一九六八)年にはWHO(世界保健機関)から派遣されたD・クラーク博士によって、日本の精神医療状況が先進国の趨勢《すうせい》からかけ離れた状態にあり、長期収容に陥っている精神科病院の改善に取り組むとともに、リハビリテーション、地域精神衛生活動の発展を目指すよう精神医療施策の転換が勧告されましたが、これは国からも医療現場からもほとんど無視されました。昭和四五(一九七〇)年にはジャーナリストの大熊一夫による「ルポ・精神病棟」が朝日新聞に連載され(単行本は一九七三年刊)、精神病棟の悲惨な状況が明るみに出たり、その後、若手医師による病院告発闘争なども起きましたが、制度改革は遅々として進みませんでした。

一部の先進的な医療機関では「開放化」運動が起きたものの、多くの精神科病院は旧態依然としたありさまで、昭和五〇年代には精神病床数は三五万床を超え、そこに入院している患者さんの平均在院日数は五〇〇日を超えるというものでした。そして昭和五九（一九八四）年には、看護者による患者さんへの虐待、暴行致死のほか、多くの人権上の問題をはらんだ「宇都宮病院事件」が発覚し、閉鎖的な体質や、治療よりも管理・経営優先といった体質が変わっていない精神科病院も少なからずあることが、明らかになったのです。

改革への、あまりにゆるやかな助走

宇都宮病院事件をうけ、ようやく精神医療の法制度は見直しが始まりました。一九八七年には、「精神衛生法」が「**精神保健法**」と改称され、入院に関しても、本人の同意を得ることが基本とされ、本人の自由意思による「**任意入院**」が初めて法制化されました。一九九三年には、精神障害をもつ人々が、知的障害や身体障害をもつ人々とともに、「**障害者基本法**」の対象として明確に位置づけられました。一九九五年には、精神保健法が「**精神保健及び精神障害者福祉に関する法律**」（精神保健福祉法）と改称され、法の目的として、「自立と社会参加の促進のための援助」という福祉の要素が取り入れられました。これにより、精神障害をもつ人々のための福祉的サービスに初めて法的な根拠が与えられ、以後、財源が確保されるようになりました。

一方、リハビリテーションや社会参加のための治療技法も徐々に精神医療や福祉の中に導入されてきました。たとえば、精神障害をもった人々は病いや障害の影響から、社会生活上の対人場面で緊張や不安が強くなり自分の気持ちや考えをうまく人に伝える適切なコミュニケーション行動が困難になっている場合があります。グループの力などを活用しながら、これらの行動の改善をはかる方法を**生活機能訓練**（**SST: Social Skills Training**）といいますが、その普及・啓発を目的としたSST普及協会が一九九五年に設立されました。また、家族や患者本人に病気や障害についての適切な情報を伝え、これもグループの力を活用しながら、生活をしながらの症状などへの対処法をともに工夫しあう**家族心理教育**という支援技法についても、一九九七年に家族教室・心理教育ネットワークという、普及・啓発を担う団体が出来ました。

また一九九六年には、現在の薬物療法の中心に位置するようになった**非定型抗精神病薬**の一つであるリスペリドンが発売されました。非定型抗精神病薬は、幻聴や妄想を和らげる効果はそれまでの**定型抗精神病薬**と同等程度でしたが、適切に用いれば、手指の震え、動きが鈍り姿勢が悪くなること、眠気やだるさなどの副作用が格段に少なく、肥満や高血糖といった副作用が起きやすいリスクはあるものの、「病気を抱えながらも生活を続ける」といったありかたを促進する薬物として利用され始めました。

そのようななか、二〇〇二年には、家族会や日本精神神経学会などの働きかけで「精神分裂病」が「**統合失調症**」という病名に変更されました。これは「精神分裂病」という病名に刻まれた誤解と偏見、それによる差別を少しでも軽減しようという意図が込められていました。たとえば、医療現場でも病名の告知は、「精神分裂病」の名称の時には患者さんを絶望させるのではないかとの配慮から、なかなかなされず、多くの患者さんは自分の病名も治療方針も知らされないまま、薬を飲んだり入院生活を送らされたりしていました。それが、この病名変更後はその告知も徐々に増え始め、精神医療は薬物療法や心理社会的治療の発達とともに、「病気についての説明をして、治療について提案をする」(インフォームド・コンセント)という、医療の基本的な姿を身にまとうことができるようになりました。

このように、日本の精神医療をめぐる状況はこの二〇年ほどの間に少しずつ変化してきました。しかしながら、この間も昭和三二(一九五七)年の「精神科特例」は存続したままでした。日本の病床の五床に一つは精神病床であるというほどに肥大化してしまった精神病棟に対して、もし「精神科特例」を廃止してしまったら、精神科医を今の三倍に、看護スタッフを今の一・五倍以上に増やすか、あるいは病床を現在の三分の一に減らさなくてはならないことになります。運営を民間病院に任せてしまった状況の中では、このような大変化をもたらす決断はためらわれてきたという事情があったのだと思います。

けれど、その結果、精神医療は慢性的な人手不足のなかで営まれ、そのため、せっかく治療技法が発展しても、入院病棟の中では十分には実施されずに来ました。昭和四〇年代に入院した患者さんの一部は退院できずにそのまま病棟で年をとり、今では高齢も重なり地域社会での生活力を失ってしまった人々として長期入院を余儀なくされています。実際に現在でも精神科に入院している患者さんの四割が五年以上の入院であり、一〇年以上入院をしている人々も二五％以上にのぼっているのです。

また、精神科では、まず患者さんや家族の話を聞くことが基本だと考えられていますが、実際にそのように臨床を行えている精神科医はむしろ少数派です。話を聞く時間がとれない後ろめたさもあって、患者さんの訴えの解決策として薬を次々と出し、それがかえって不適切な薬物治療として患者さんの役に立たない状態を作るという悪循環につながったりもしています。安心して話ができない「五分間治療」に失望を覚え、さらに訴えると大量の薬が処方され副作用に苦しむ。または急性期に入院しては隔離や拘束といった処遇を受けることで、医療に不信を覚え、医療中断となり、本来なら回復しうる可能性を閉ざされる。そうした人々が数多くいるのです。

3　これからの精神医療がめざしたいこと

「リカバリー」という言葉に出会って

このような日本の精神医療の現場で僕自身も働いていましたが、一九九四年に国立精神・神経センター精神保健研究所（現、国立精神・神経医療研究センター精神保健研究所）に職を得たこともあって、僕はやや俯瞰的《ふかんてき》な立場から精神医療のありかたを考える機会に恵まれました。そんななか、**ACT（Assertive Community Treatment：包括型地域生活支援プログラム）**を僕が知ったのは、二〇〇〇年ごろのことでした。当時、僕は研究仲間たちと地域生活を支える精神医療のシステムを考えるにあたって、米国の地域精神医療システムを見て回っていました。

なんどか米国と日本を往復しながら、フィラデルフィア、シカゴ、ニューヨーク、ロサンゼルスといった大都市から、マディソン（ウィスコンシン州）、インディアナポリスなどの中小都市まで見て回り、それらの地域精神医療システムがどのように運営されているのか知りたくて、行政の人々に会ったり、実際の支援をしている事業所に出かけていったりしました。そのなかで、精神障害があり、かつ、症状が不安定で頻繁に精神科救急を利用していたり、長期入院からの退院後であったり、薬物依存を合併していたり、ホームレスだったりといった、いわば生活がとても不安定な状態に陥っている人々、このままいくと精神科病院に入院をしてしまうというような人々を地域でねばり強く支える役割を果たしているのがＡＣＴだということを知ったのでした。

当時、僕が強く心を打たれたのは、地域における精神医療システムの構造がしっかりしていることもさることながら、そこで働いている多くの人々の考え方が、力強く、肯定的で、かつ自分たちのありかたに信念を持っていて、楽観的でもあるという点でした。地域精神医療システムを支えていくことに、少なからずの誇りを感じている人々が数多くいると感じたことは、とても印象に残る体験でした。当時のメモをひっぱり出すと、こんなことが書いてありました。

「「住む場所、仕事、レジャー、収入などがあって、はじめて治療やカウンセリングなどは意味を持つ」。医療の供給と同時に生活の立て直しを支援することが重要なのだ。基本的に利用者の**ストレングス**（**strength**：**強さ、能力**）を重視するかかわりのなかで、地域で普通に暮らすこと、社会のなかでの役割をもつことが、重視されている」

これこそが、入院を中心とした精神医療では、なかなか得られなかった視点だと、僕は今でも思います。精神医療は「生活を立て直す」支援を含んでこそ、地域生活の中で役に立つ支援となりうるのです。

さて、僕はやがて、アメリカの精神科リハビリテーションの学会などに出るうち、**リカバリー**（**Recovery**）という言葉に出会いました。この言葉は、もともと精神障害をもつ人々の社会参加の動きの中で、当事者の側から出てきた言葉です。リカバリーの定義を一言で述べることは難しいのですが、ここでは自らも統合失調症を患いながら、心理学博士の称号ももち、当事者運動の先頭にたって、リカバリーの概念の普及に多大な貢献をしているパトリシア・ディーガン（Patricia Deegan）の言葉を引用します。

リカバリーは旅（過程）であり、生き方であり、構えであり、日々の挑戦の仕方です。平坦な一本調子の直線的な旅（過程）ではありません。ときに道は不安定となり、つまずき、旅の途中で止まってしまうこともあります。けれど、気を取り直してもう一度始めることもできるのです。この旅で必要とされるのは、障害への挑戦を体験することです。障害による制限の中、あるいはそれを超えて、健全さと意志という新しく貴重な感覚を再構築することなのです。リカバリーの旅で求めていることは、地域の中でふつうに暮らし、働き、愛し、そこで自分が重要な貢献をすることなのです。

（Deegan, 1996）

ここで強調されるべきは、リカバリーとは、外部観察的に定義されるものではなく、当事者自らの体験として形づくられ、自覚され、実感として語られる回復や改善であるということです。

一九五〇年代以降、州立精神科病院の閉鎖を経験し、どんなに具合が悪くても地域の中で生き延びていくことを余儀なくされた当事者たちが、管理されながら生きるのではなく、主体的に、自分が生きている価値があると感じられるありかたを手に入れようとしたときに、このリカバリーという言葉は、彼らの力で彼ら自身の手に人生をとりもどす、そのような立場があることを明確にしたのです。これに寄り添う精神医療を考えたとき、精神医療は「病識のない」(自分が病気だとわかっていない)患者さんに代わって彼らの生活を管理する医療から、彼らが自分の希望を明確にし、自分の人生をとりもどすことを支援する精神医療へと、変化を迫られたのです。

精神医療は地域の暮らしを下支えする

リカバリーという言葉は、僕の精神医療に対する考え方を大きく揺さぶりました。それまでも、似たようなことを考えてきた自分はいると思うのですが、言葉として明確になることでいろいろなことが整理されました。

「支援の目的は、精神障害をもっていても地域社会の中での暮らしを楽しむことが出来るようになることである」

これは、のちに僕たちが立ち上げたＡＣＴチームが理念の第一項として掲げているものです。

ＡＣＴは、次章で述べるように、薬物療法やカウンセリングなどの医療的支援だけでなく、生活のさまざまな支援、就労支援なども提供できる、多職種による訪問チームです。患者さんの生活を支える中で、医療が担うのは限られた領域です。医療は生活支援、就労支援などの上手な下支えができればと思うのです。

たとえば、幻聴や気分の変調などの症状が、どんな時に生活を邪魔し、またどうしたら対処できるかをともに考え、工夫してみることは、下支えの精神医療として大事なことでしょう。薬物療法についても、飲み心地について感想を言える時間をつくって、ちょうどいい量の薬を納得して利用できるようにするための試行錯誤をすることも大事だと思います。ひどく追いつめられる前に、電話ででも相談できる、そんなことも大切です。病気をもっていたとしても、生活が症状という苦労に覆われるのではなく、ふつうの市民としての生活を、楽しんだり、苦労したりしながら生きていく、それに寄り添うような精神医療がいいと思うのです。

そのためには、支援者も利用者も同じ地域社会に生きる市民として、長いおつきあいができるような関係でいたいものです。精神医療のスタッフが白衣を脱ぎ、平服で、患者さんとともに、市民としての暮らしをしている存在である、そのような顔をもっていることが重要になります。リカバリーという言葉から僕が考える精神医療のありかたは、そんなイメージなのです。

つまり、地域精神医療を追求していくときには、歴史的にも入院を中心として作り上げられてきた精神医療の概念は、このあたりで大きく変える必要があるのではないかと思うのです。

たとえば、一つの大きな問いは「閉鎖病棟の中で、リカバリーという体験は可能か」というものです。それは、「地域の中でふつうに暮らし、働き、愛し、そこで自分が重要な貢献をすることに対する希望を、閉鎖病棟のなかでも持ち続けられるか」という問いでもあります。

僕は、今のままでは、回答は「否」になるのではないかと思います。閉鎖病棟においては、患者さんや家族と医療スタッフとの関係性が、管理される者と管理する者という構図をとらざるを得ないからです。「閉鎖病棟が必要な状況では、すでに病いの症状のために市民生活を送るうえで妥当な判断をする能力が弱まってしまっているのだから、仕方がないではないか」という反論はあると思いますし、そういう理屈が閉鎖病棟の存続を許容してきたのだとも思います。

リカバリーに寄り添う精神医療、つまり患者さんが自分の希望を明確にし、自分の人生をとりもどすことを支援する精神医療を作っていくのであれば、閉鎖病棟というものを利用しなければ精神医療が提供できないという局面は、極力回避できる仕組みを作る努力が必要なのです。たとえば、そこまで追い詰められるずっと以前にアクセスできる精神医療や、閉鎖病棟の代わりに、地域社会の中で生活を支えながら実践できる精神医療、そういうものを作り上げていくことが必要なのです。これは、精神医療のありかたの大きな変更です。理念や目的、それに支援者と利用者との関係性、といったソフトウエアの部分の変更でもありますし、投入するスタッフの人数や、必要とする装置の変更といったハードウエアの変更でもあります。

また、精神科の外来部門に、大勢の精神保健福祉士や看護師がいて、家族や本人の相談窓口となることも考えられます。精神科医の診察を受ける部門とは別に、このような相談窓口があって、必要な対応を迅速に行うのです。場合によっては自宅を訪問し、状況の把握を行い、必要があれば訪問チームにつなげて、早め早めの対応をするわけです。現在の体制では、強制入院を余儀なくされるような患者さんも、そこまで煮詰まる前に、治療を受けることが出来るのです。このようなありかたを具体的に明示することが、地域精神医療が病院精神医療にとって代わるためには重要な仕事としてあると思うのです。

病いをみるのか、人をみるのか

あなたが精神障害をもち、何度か入院歴があり、生活のしづらさを感じているとしましょう。症状のために職を失う体験をしたり、友人から遠ざかり、ひきこもってしまうような生活をあなたは経験しているかもしれません。

「暮らしを楽しむことが出来るようになる」——その言葉で僕たちが目指したいのは、たとえば暮らしにおける重要な決定を、ふつうの人と同じように、まわりと相談しながらも自分で決めていくことが出来るような、そういうありかたをあなたが実現することです。学校に行く、仕事に就く、結婚をする、赤ちゃんを産み育てる、あるいは実家を出て一人で暮らす、パートナーといっしょに暮らす。そのようなあなたの中で湧いてくる希望を、いろいろ相談し、考えながらも、自分が「こうしようかな」と思ったことを、あなた自身が納得し、そして自分で引きうけるべきことを引きうけながら、暮らしの中で実現していく。そういうあなたを応援することです。

これは、少し別の言い方をすると、人と人とのつながりが修復され、新たな関係もつくられ、そこではぐくまれる暮らしの中で、病いや障害をもちながらではあるけれど、そこにはそれなりの物語があり、意味があり、そして生きていく価値があるなと、そんなふうにあなた自身が思えるように支援したいということでもあります。

ここで僕たちは、「医療は病気をみるのか、人をみるのか」という問いに突き当たります。もし、「病気」だけをみるのであれば、医療の仕事はあなたの幻覚や妄想を減らすというところまでであったり、あるいは抑うつ気分を減らすというところまでだったりします。そして、「就職や育児、子育てのことは、どこか別の場所を紹介するのでそちらに相談に行ってください」という態度になるでしょう。従来の精神医療の実践で分かっていることは、このような医療のありかたは、あなたの症状や障害の程度が軽い場合には役に立つのですが、あなたの症状や障害が重い場合には役に立ちにくいということです。

なぜなら、あなたは新しい場所に行って、自分のことをまた一から話すことを躊躇《ちゅうちょ》するでしょうし、新しく作られる関係性が必ずしもあなたにとって居心地の良いものになるかどうかも分からないからです。つまり、かなりの確率であなたは紹介先との関係をつくりそこね、支援からこぼれおちてしまいかねません。

あるいは医療者の意識が病気にばかり集中すると、たとえば薬の副作用にどれだけあなたが苦しんでいるのかを見落としがちになるかもしれません。薬の副作用のために体がだるく、階段をのぼることが大変だと訴えても、まさかあなたが重い買い物袋を提げて、エレベーターのないアパートの四階まで歩かざるを得ないことに気がつかない主治医は、再発予防のために同じ量の薬を飲むことを強く主張するかもしれません。

もし医療が「病気も人もみる」のであれば、あなたがどのような仕事につきたいのか、どのような家事をこなさなければならないのかをあなたに教えてもらいながら、精神科医は処方を出すことになるでしょう。時としてあなたの症状を和らげるのに役に立つ薬の量は、副作用が出るリスクがある量とかぶるかもしれず、その場合は何を優先するのかについてもあなたと相談することになるでしょう。もちろんあなたが就職や子育ての相談をしても、精神科医はそれらについて詳しく知っているとは限らず、あなたは困惑してしまうかもしれません。けれど、医療チームの中に就職に詳しいソーシャルワーカーがいたり、あなたの自宅を訪問して、育児について相談にのれる看護師がいたりすれば、チームはあなたの応援ができるのです。このようにして精神医療は、病気も人もみることのできる医療になることが出来ます。

ここで必要なことは、精神医療が生活支援や家族支援、就労支援などとともに、包括的なケアの一部となることです。医療が身近なところにあることは必要です。けれど、「病気も人もみる」のであれば、病いのコントロールは生活の目標ではありません。病気や薬のことばかり日々考えている暮らしは、あまり楽しげとは言い難いでしょう。それよりも、自分がしたいことのために苦労したり、友人や恋人のことで悩んでいる方が、ずっとましでしょう。医療は、そのような暮らしができる下支えでありたい。できれば目立たず、生活支援、家族支援、就労支援など、暮らしを楽しむことにつながる支援の陰で、縁の下の力持ちになれればと思うのです。

4 白衣を捨てよ、町に出よう――ACTという実践

ACTとはどのようなものか

ACT（Assertive Community Treatment：包括型地域生活支援プログラム）は、一九七〇年代ごろから現在にかけて精神医療・保健・福祉を病院中心から地域中心に変換してきた米国、英国、カナダ、オーストラリア等で広汎に普及した、多職種チームによる**アウトリーチ（訪問）**型の包括的生活支援プログラムです。

ACTの誕生には、米国で一九五〇年代以降に州立精神科病院のベッド数を急速に減らそうとした施策があり、それが生みだした困難が深くかかわっています。精神科病院への入院はしばしば人の生活を奪い、人の尊厳も奪いかねないとは言うものの、十分な準備がない状態での病棟閉鎖は、地域生活に戻ろうとする人々に、過酷な困難を強いたのです。

困難の一つは、緊張や不安のために公共の交通手段を利用することが難しい人々にとっては、通院自体がままならず、必要な薬もなくなり、再発して再入院したり、地域での生活が破綻《はたん》をきたしてしまったりしたことでした。さらにもう一つは、地域にもいろいろな支援組織はできたも

のの、誰が中心になって患者さんと支援計画を作成していくかというケアの責任の所在があいまいになってしまったことでした。そのため、必要な支援が届かない人も数多く出てしまいました。支援の網からこぼれ落ちてしまった人々はホームレス化したり、自殺に追い込まれたりしたのです。

こんな中、状況を打開しようとして、精神科病院を退院した人々を、これまた病院から地域へ仕事の場を移した医療スタッフを中心につくった多職種チームが訪問し、集中的にケアする、というモデルが作られました。これがＡＣＴの原型となったものです。

このモデルを基本としてＡＣＴに備えられた特徴には以下のようなものがあります。

①目標は、病気や障害を抱えながらも、その人が、自分が希望する生活を地域社会の中で実現し、生活を楽しめるように支援することである。そのために、生活維持の買い物や金銭管理、身だしなみなど身の回りに関する支援と、症状コントロールや服薬自己管理の支援、生活のスキルトレーニングなど、医療サービスを含む多様な支援をチームが行う。そのほか、就労の支援や人とのつながりが増えていくことを応援する支援など、本人が望み、かつ可能な支援であれば、何でもチームで実現を試みる。

②頻回の在宅訪問などアウトリーチ（訪問）を主体とする。訪問先は自宅だけにとどまらず、利用者が普段使うスーパーマーケットやファストフード店などにも一緒に出かけていく。「様

の仕事である。

子を見に行く」訪問ではなく、生活を維持し、楽しむための工夫をともに行うことがチーム

③ チームは看護師、ソーシャルワーカー、作業療法士などの多職種により構成され、これらの支援を展開する。チームには精神科医もいて、処方や医学的判断の責任をもつ。カウンセラー、就労支援の専門家、当事者スタッフなどもチーム内にいることが望ましい。

④ 二四時間・週七日対応を原則とし、危機介入も行う。夜間は電話相談を中心とするが、生活が落ち着かず、必要と判断される場合は夜間訪問もいとわない。休日の訪問も必要があれば行う。入院は極力回避して地域生活が維持できるよう努める。そのために精神科救急外来を利用することはある。入院がやむを得ないと判断される場合はその説得も行い、入院後は退院に向けての支援をすぐに病棟への訪問をすることで始める。

⑤ ケアマネジメントという技法を基本とする。ケアマネジメントとは、利用者と関係づくりを行う⇒利用者の長所や課題を知りながら、利用者がどんなことを望んでいるかに耳を傾ける⇒利用者とともに、「どうすることが良いのか」を話し合い、協働作業の計画を立てる⇒実際にやってみて、その次のことを考える、という流れで支援を展開する技法である。

さらに、ACTの大きな特徴として、チーム全体で利用者のケアにあたる、という点が挙げられます。一般的には、利用者一人ひとりに二、三人の担当スタッフ（**ケースマネジャー**）がつきます。

複数担当制をとることで、複眼視的な見方を維持できるのと、スタッフの休暇や退職があっても継続的な支援が維持できるというメリットがあります。また、危機的な状況では一日何度も訪問に行ったり、泊まり込みで支えることもあるので、普段から複数のスタッフが関わり、互いに顔見知りになっていることが、役に立つのです。

僕たちはこのようにACTを立ち上げた

ここで、僕たちがACTをどのように立ち上げたかについて少しお話ししましょう。

二〇〇〇年に米国のACTを見て回ったのち、僕たちはこのプログラムを日本でなんとか始めたいと思うようになり、二〇〇二年から研究費を申請して準備をはじめ、二〇〇三年五月、当時千葉県市川市にあった(その後、東京都小平市に移転)国立精神・神経センター精神保健研究所で、初のACTプログラム「**ACT－J**」を始めました。研究費による雇用でしたが、声をかけたところ、全国から一〇人のスタッフが集まってくれ、チームを編成することができました。

初代のチーム精神科医には東北大学からACT実践のために研究所に移ってきた西尾雅明氏が就任しました。僕たちは米国のACTチームを参考にしながら、初めての訪問専門の多職種チームのルール作りをしていきました。一〇人のスタッフは前職が精神科病棟勤務であった者、地域の福祉事業所に勤めていた者、障害者職業センター出身の者や、保健所勤務だった者、あるいは大学を卒業したてのソーシャルワーカーや米国でのリハビリテーションワーカーの経験のある者など、多種多様でした。

まず、みんなで「私たちは何のためにどのように臨床実践をするのか」などの議論を行うところからチーム作りは始まりました。そして、「利用者の地域生活を準備する視点よりも、地域生活を維持する視点を大切にする」「利用者を管理したり依存を助長したりするのではなく、彼らのエンパワーメントと自立を心がけた実践を行う」といったACT－Jの援助理念が作り上げられました。記録用紙や業務マニュアル、標準的な支援のモデルなどもアメリカを回ったときの資料や、英米などの文献を参考に、すべて自前で作り上げていきました。

支援の対象としては訪問可能な近隣三市（市川市、船橋市、松戸市）に居住し、診断名として統合失調症、双極性障害、うつ病をもっていて、頻回に国立精神・神経センター国府台病院（市川市）に入院や救急受診を繰り返し、地域生活の維持にとても困難を生じている、重い精神障害をもった人々を選びました。対象者には、たいてい入院中に病棟に出向き、ACTの説明をしました。そして、同意が得られた人々に対して関係づくりをしながら、支援を開始しました。訪問のために安価な軽自動車を研究費で買い、携帯電話も準備しました。スタッフは周辺の地理を一生懸命覚え、患者さんの退院とともに、その住む場所に出かけていきました。こんなふうにして、「訪問を中心とした多職種チームによる支援プログラム」ACTが始まりました。

実際に訪問を始めてみると、事態はそれほど単純ではありませんでした。患者さんは、おそらくそれまでに受けたであろうさまざまな心的外傷体験のために、人間不信に陥っていました。訪問を始めても、困っている様子をすぐに話してくれるとは限りません。「帰ってくれ！」と言われたり、会ってくれないことさえしばしばありました。このような時に必要なのは、医療者でありながら、「医療」を前面に押し出さない態度、一人の人間として、「あなたに害を与える存在ではなく、あなたとともにありたい存在」として、そこにいるようなありかたです。理屈よりも関わりを体で覚える体験を何度も繰り返し、地域精神医療の現場の中で、スタッフは次第に鍛えられていきました。

最初の一年間は試行錯誤の連続でしたが、それでも四三名の患者さんがＡＣＴに参加しました。これらの人々はＡＣＴに参加する前の一年間に平均一・七回、日数にして一一九日入院しており、それ以外にも精神科救急を平均三回は受診しているような人々でした。これらの人々のうち四一名が退院し、一年間ＡＣＴに参加し続けることが出来ました。彼らの一年間の再入院は一・三回、日数にして五六・七日で済むようになりました(西尾ほか、二〇〇六)。

二〇〇四年からは一般の外来治療・リハビリテーションを行う群を対照群として、ＡＣＴが役に立っているのか検討を行いました。対象者の選択基準は最初の一年間とほぼ同じにしていたのですが、結果的には、この比較研究の時には頻回入院しながらも、かなり地域でそれまで持ちこたえていた人々を対象とすることになりました。それでも、対照群が過去一年間の入院日数が二二日であったものが、追跡をした一年間に二四・八日とあまり変化がなかったのに比べ、ＡＣＴに参加した群では過去一年間の入院日数が四五日であったのが追跡中には一五日に減じており、入院日数を減らすことに役に立っていることが統計的にも証明されました（Ito, J., et al., 2011）。また、抑うつ状態が対照群に比して軽快していることも見てとれましたが、それ以外の精神症状や社会的機能には差がありませんでした。

これは、ＡＣＴによる支援が病気の症状を良くするというよりも、同じような症状を抱えながらも、地域生活を送り続けられるように作用していることを示していると思われます。また、就労に関しては一年間の追跡では芳しい成果はありませんでしたが、長期に支援を続けると、短時間勤務や障害者雇用も含めさまざまな形態で一般企業への就労を経験する人々の率が高まり、研究期間を通してみると、最終的にはＡＣＴに参加した二八％の人々が何らかの一般企業での就労を体験できました。うれしいことには、アンケート調査ではありますが、ＡＣＴの支援を受けた利用者のサービス満足度は、対照群に比して統計上有意に高いことも証明されました。

以上のように、研究活動のなかで、日本でもＡＣＴは実践可能であり、病気や障害をもっていても地域生活を継続し、生活を楽しむことに役立つことが実証されました。こののち、二〇〇八年の春、ＡＣＴ－ＪはＮＰＯ法人として精神保健研究所から独立し、訪問看護ステーションを中心とした多職種チームとして、臨床実践を続けることにしました。スタッフもチーム精神科医もだいぶ入れ替えがありましたが、理念は変わらず、またＡＣＴとしての構造は、より充実したものとなってきています。そして、今まで以上に地道に、地域社会の中で、重い精神障害をもった人々を支え続けるチームとして、千葉県市川市に拠点をおき、地域精神医療をより質の高いものにするために活動を続けています。

ACTの支援のすすめかた

精神障害は慢性の病いであり、コントロールするためにさまざまな工夫が必要です。したがって、「病気が良くなったら、治ったら何をするか」を考えるよりも、「病いと折り合いをつけながら、どう暮らすか」を考えていくほうが現実的であるとACTのチームでは考えます。

その場合、最重視するのは、患者さんが「どのように暮らしていきたいと望んでいるか」ということです。しかし、この望みは人により千差万別です。幻聴がたくさん聞こえ、「お前はバカだ」と見知らぬ人からも言われていると思っている人が、一方で「仕事ができる自分になりたい」とか、「一人暮らしができるようになって、今、家族と住んでいる場所から離れたい」と考えている場合もあります。

このような時、「幻聴に邪魔されずに仕事がしたい」「朝、決まった時間に起きられるようになりたい」「履歴書の書き方を知りたい」「電車やバスに怖がらずに乗れるようになりたい」「不動産屋さんで落ち着いて物件を探したい」など、利用者の生活上の希望やニーズに合わせて、取り組む内容を決めたり、優先順位を決めたりしていくことが必要になります。

そこでは、たとえば、①一週間、ACTスタッフからのモーニングコールで起きてみる、②次の訪問の時に、一緒にバスに乗って買い物に行ってみる、③幻聴が楽になるように、主治医のところへ一緒に行って薬物療法について再検討してみる、④就労支援のスタッフに会って履歴書の書き方を練習する、など具体的な計画を立てて、ともに取り組むようにしていきます。このような方法を**ケアマネジメント**とよびます。これは、「地域での暮らし」のように利用者の希望やニーズが多彩な場合に支援が過不足なく行われることを目指すための方法です。

ここではチームの精神科医は、ACTの担当スタッフ（ケースマネジャー）の背後に控え、生活が送りやすいように薬物療法を工夫したり、身体管理に気を配ったり、あるいは症状や障害についての理解の仕方や対応の方法についての必要な情報を、本人や家族、担当スタッフに提供したりすることが仕事になります。あなたが利用者であれば、あなた自身と担当スタッフが総指揮者であり、精神科医などの他のスタッフや周囲の人々は、あなた方と協働作業を行うチームの一員として位置づけられるのです。

ところで、実際のACTの支援にあたっては、利用者がまだなじみのないスタッフに対して「私はこういうふうに暮らしたい」と言葉でくわしく語れるというのはむしろまれなことです。不安感や恐怖感の中で希望など、言葉にできない方が普通です。そこで、ACTのスタッフは利用者とともに時間を過ごしながら「この人はどういう生活を送りたいのだろう」「退院したらどんなイメージの生活が始まるのだろう」という問いの答えを探していくことになります。それは、あなたという利用者と、「好きなことはどんなこと？」「得意なことは？」などの問いのヒントを、一緒に過ごす時間の中で見つけていくことです。あなたの生活の場は、そのためにとても豊かな情報を提供してくれます。あなたの住まいや気に入っている場所を知ることで、スタッフはあなたの生活実感を共有することが出来るわけです。

たとえば部屋に飾ってあるものや机の上においてあるものから、あなたの好きなことや興味を持っていることがわかるかもしれません。ともに出来るといいことを待っているあいだも生活は続くわけで、一緒に買い物にいったり、おしゃべりしたり、薬の飲み心地の話をしているうちに、あなたにもスタッフの人となりがわかってきて、「この人とはこんなことがしてみたい」という希望も出てくることもあるでしょう。

このプロセスであなたとスタッフがする会話は、「外来で主治医とするような会話」とはずいぶん異なります。生活の場で、短時間でも週に二回も三回も顔を合わせるなかで、顔なじみの関係になり、やっていけることを相談する、そんな会話となるでしょう。それがＡＣＴにおける利用者とスタッフの関係のありかたです。このような地道な関係づくりを基本として、医療も含むさまざまな支援が行われるのです。

5　地域から精神医療の「概念」を変えよう

地域の中で人を支える精神医療――すでに述べてきたように、それは精神科病院という、固い、収容型の「治療装置」を中心に作り上げられた精神医療とは、同じ「医療」という言葉を使っていても、含まれる概念の具体的な姿が異なります。入院中心の精神医療を地域生活中心の精神医療に変えていこうとするときに、僕たちはこの概念の違いを意識しておく必要があります。

病院から地域へとフィールドを変えるとき、医療者自身も態度や行動の変化を要請されるのです。それは関係性の変化と言い換えることもできます。病棟で当たり前になっている関係性を、そのまま地域社会にもって出ることはできない、と僕は思います。患者さんの自宅を病室とみなすような関係性は、患者さんが「ふつうの市民」として生きていくことの応援にはならないと思うからです。本章では、地域の中で人を支える精神医療（以後、**地域精神医療**と呼ぶことにします）において必要となる関係性について、述べてみたいと思います。

「病気が主人公」から「その人が主人公」へ

まず、輪郭を明らかにするために、入院中心の精神医療(以後、**入院精神医療**と呼ぶことにします)でありがちな関係性のほうから話を始めます。入院精神医療の関係性の基本にあるのは、**疾病中心の考え方**(**illness-centered**)、いわば「**病気が主人公**」という考え方です。これは、入院治療というものが、そもそも「病気の具合が悪くて、この患者さんは地域社会ではもはや生活を維持することは困難だ」「この病気の治療のためには、彼／彼女の生活を一時止めてでも、濃厚な管理下に置いて関わる必要がある」、あるいは「このままの病気の状態では、早晩、彼／彼女は症状のために行動のコントロールを失い、自分を傷つけたり、人に危害を与えるなどのリスクの高い行動を起こすかもしれない」と、主治医である精神科医が判断するところから始まることと深く関連します。

すなわち、入院精神医療では、治療の主体は精神科医を筆頭とする医療チームであり、患者や家族はいわば身を預けるようにして、そこにいることになります。発想の根幹にあるのは、「この病気の治療のために今もっとも必要なのは何か」ということです。ここでも読者であるあなたが入院をしたと仮に考えますと、その時に病気を抱えた体をもつあなたはいわば、運転者ごと修理工場に入った自動車であり、あなたには修理が速やかに行われるよう協力することが求められます。この場合、修理工程を明らかにしていく考え方を最近は**クリティカル・パス**(**critical path**)などと呼びます。パスというのは道筋ということですから、「治療の道筋として、このような状態になったら、かくかくしかじかのことを行う」ということを、医療者、患者、家族で共有していくわけです。

たとえば、「急性期治療の第一段階」「第二段階」「第三段階」などと説明され、それぞれの段階で、医療者、患者、家族それぞれが行うべきことが明示されます。そこでは総指揮者は主治医であり、病気の治療、病気からの身体の修復などが入院生活のなかでは優先され、その期間のうちは、あなたの人としての生活が治療のために制限されるのはやむをえないと考えられるわけです。これは、入院治療が短期間で有限のものであるということを前提にした考え方でもあり、将来におけるのびのびとした生活の再開を可能な限り保障するためにも、入院の間は、あなたにも生活を我慢し、医療者の指示に従っていただきたい、ということになるわけです。

これに対して、地域精神医療では、あなたが地域生活を維持し続けることを支援します。その時に病気を抱えた体をもつあなたは、病気、たとえばエンジントラブルやパンクのために、立ち往生したり、路肩に突っ込んでしまったりした自動車の運転者であり、思うように運転できないためにやけを起こしていたり、途方に暮れたりしている人であるかのようにみなされます。

支援とは、そんな時に呼ばれて応急処置を行うロードサービスであったり、途方に暮れているあなたが、安心感と自信を取り戻し、あなた自身の生活の旅を続けられるように応援する道案内人であったりします。この場合、最も大切なことは、あなた自身が自動車を運転し続けようと思っていることであり、「あなたが病いをもちながらでも、あなたらしく生きるために、今必要なことはどんなことか」が、あなた自身や支援者にわかることです。つまり、**あなたという人が中**

心の考え方（person-centered）であり、「その人が主人公」という考え方なのです。

家族ぐるみを支える

日本では、地域社会に住む精神障害をもった人々の約七割は、家族とともに暮らしています。地域精神医療が発達するということは、今まで、身寄りもなく、慢性病棟の中で暮らしていたような人々も、地域社会の中で支えられながら暮らしていく、という方向になるということです。したがって、これからは家族と別居の方々も次第に増えていくでしょうが、それでも家族と本人の関わりは、さまざまな姿で続いていくでしょう。親ばかりでなく、配偶者やパートナー、きょうだい、子供、あるいは親戚といったさまざまな人との関係が、患者さんの周囲にはあります。

そして、それらの関係が、病気や障害から何らかの影響を受けていることが少なくありません。地域社会に住む人を支えるということは、家族のつながりの力も借りながら、その人を支えるということです。けれどもまた同時に、家族のつながりが、病いや障害のもたらす負の影響からいくらかでも自由になるように、それぞれの家族のメンバーが自分の生活をとりもどしていくことを支援するということでもあります。地域精神医療のなかでは、入院精神医療よりもいっそう、家族全体を視野に入れた支援のありかたが求められます。

ここでたとえば、あなたの家族に精神障害をもった患者さんがいるとしましょう。いままでも続いているかもしれない、家族としてのあなたの大きな苦労は、病気や障害への対処について、有用な情報を医療機関から十分得る機会も少ないなか、試行錯誤で、患者さん本人のケアの多くを担わざるを得ないところにあると思います。偏見の存在はここに影を落とし、患者さんのことを周囲の人々に知られないように苦労されたり、あなた自身が自分の不安や辛さを人に打ち明けられなかったりということもあるかもしれません。あるいは、あなたは患者さんが病気になったのは自分たち家族のせいだと自分を責めてしまうこともあるかもしれません。

同時に、「ここに連れてこなければ、診ることができない」という精神科病院関係者の言葉に力を落としたり、暴れるところを無理やり病院に連れていくときに患者さんから発せられた罵声に傷ついたりした体験から、精神医療に対する不信と失望をあなたは持っているかもしれません。

ＡＣＴをはじめ、地域精神医療が成熟していくときには、このような家族自身の人生を立て直していくことも、関わりの視野に入っていることが大切でしょう。それは、とりもなおさず、精神医療にかかわる者が家族の信用を取り戻していくということでもあるのです。

たとえば、スタッフがお宅を訪問する時に最も大切なのは、まずは家族全体に対して、よき客人となることです。家族であるあなたが僕たちの訪問を気持ちよく受け入れてくださらなければ、本人への支援はなかなかうまくいかないからです。

訪問は、あなたに受け入れていただいて、初めて機能します。訪問による精神医療は家庭の中に有害なことをもたらさない、そうあなたに思っていただけることが大事なのです。それは、一度はあなた自身の、これまでの精神医療に対する思いや、患者さんとの喜びや苦労の歴史を伺う、そのような時間を含むものでもありましょう。患者さん本人の話に耳を傾けるだけでなく、家族の話にていねいに耳を傾ける時間もつくる、そのようなことが支援者に必要になるのです。

そして、その延長線上で僕たちが出来ることといえば、生活上の具体的な小さな課題に対して、何か今までとは異なることが出来るように工夫していくことでしょう。特に、最初から家族の重要事項を取り扱うのではなく、簡単な小さなことから始めるのが良いのです。たとえば、「なかなかおっくうでできなかった、台所の切れた電球を取り換える」とか、「スタッフが患者さんと話をしている間に、お母さんはちょっと安心して買い物に行く」とか、そんなことからです。その延長線上に「本人のリハビリの一歩としてスタッフが本人と近所までコーヒーを飲みに行くので、家族にもちょっとのんびりしていただく」とか、「薬の飲み心地を本人に聞き、家族の話も聞き、薬物処方を見直してみる」とか、「家族にもよくわからなかった、障害年金取得の手続きにスタッフと一緒に取り組む」などの課題も出てくるかもしれません。

地域精神医療が「家族を応援する、家族も支援する」ということは、こんな姿から始まります。本人、家族、支援者が知っていることを出し合い、ともに頭をひねりながら病気や障害との付き合いを工夫していく、というような取り組みもここから始めていくことが出来るのです。

その人のストレングス（強み）を伸ばす

地域精神医療は、閉鎖病棟などの権力的な装置を極力活用せず、人と人との関係性に支えられて、投薬や相談などさまざまな支援を行うことを目指しています。

ここで大切にされるべきなのは、言葉の役割です。関係性とは、とりもなおさず、言葉のやりとりでつくられる文脈であり、相手に対する信頼や好ましい感情などは、この文脈の中から生まれてくるわけです。仮にいま、あなたが精神疾患を患っていたとしても、尊重されている感覚が維持される言葉のやりとりや、意見に耳を傾けてくれていることがわかる言葉のやりとりによって、あなたは支えられます。そして、そこに、「約束を守ろう」とか「一緒にやっていこう」などの決めごとが、これも言葉として生まれ、互いがともにいる時間を確保したり、そこで行われる提案を受け入れたりするということが生じるわけです。「薬を飲んでみよう」という選択もこのような言葉によって決断されると思うのです。

先に述べた、「その人が主人公」(person-centered)という考え方に基づく精神医療はこのような言葉のやりとりのうちに成り立ちます。「その人が主人公」という考え方では、精神疾患やそれにまつわる苦労について、支援者とあなたがともに理解することも大事ですが、同時に、あなたという人自身について知るということが支援者には必要です。つまり、「あなたが病いをもちながらでも、あなたらしく生きるために、今必要なことはどんなことか」というときの、「あなたらしさ」について、互いに理解していくことが協働作業の第一歩だからです。

この「あなたを知ろうとする」ための会話は、あなたに「この人は私を理解しようとしてくれている」という感覚が生まれることによって、その意義が深まることでしょう。けれど、専門用語をつかった会話の中ではこのような感覚はなかなか生まれません。また、一方的な質問攻めでも「理解されつつある」とは、ほど遠い気持ちが生まれることでしょう。そうではなく、人としてのふつうの会話、それこそ、お宅を訪問してお茶を飲みながら交わされたり、一緒に街を歩いていた時に交わされたりするような会話に、あなたを知ろうとする⇕理解される、という、関係の深まりを感じることが生まれやすいように思います。

このような会話において注目したい内容は、まず、あなたの生活にとって、どんなことが大切なのか、どんなことを希望としてもち、また、どんなことに関心や興味をもっているか、あなたにとって居心地のいい場所や、一緒にいると元気になる人々にはどんな人たちがいるのか、などの領域です。なぜなら、これらの領域について知ることは、あなたの個性やユニークさについて知ることになり、あなたの今後を考えていくときの、ゆたかな素材を得ることになるからです。

これらの領域を、あなたの強み、生活を切り開いていく力になることという意味で、**ストレングス**（**strength**）と呼びます。ストレングスを知ることは、病いの存在があるにもかかわらず、あなたの生活をあなたらしくする、あなたの生活の中の普通にできている部分、健康な部分にスポットライトをあてるのに役に立ちます。そしてスポットライトをあてることは、同時に、その部分を膨らませていこうという関わりのきっかけにもなります。

一緒にホームセンターに買い物に行ったときに、あなたが興味を示した、植木やアウトドア用品などから、あなたの楽しみたいことが見えてくるかもしれません。何度も訪問でお会いしているうちに、あなたのすでにできていること、うまくやれていることがよりくっきりとわかるかもしれません。あるいはあなたが訪問スタッフの仕事に興味を持ってくださり、そこからあなたが自分の仕事としてやってみたいことへと話が膨らみ、一緒に仕事を探そうという取り組みになるかもしれません。あなたの家族や友達、近所の知り合いの方を知ることにより、あなたの周りのつながりがわかり、もっとその人たちの力を借りようという動きが生まれるかもしれません。

ストレングスをあなたと確認していくことが、あなたの可能性を膨らませ、苦労や困難はあるけれど、何とかなるかもしれないという気持ちを育ててくれるように思います。ストレングスを伸ばし、膨らませるように関わりを続けることが、あなたがリカバリーの旅を続けるときのエネルギーになってくれると思うのです。地域精神医療においては、このような、ストレングスを膨らませる視点が不可欠なのです。

医師を多職種チームのなかの一メンバーとする

入院精神医療では医師が治療チームのトップに座っています。治療方針やそれに伴う指示は、精神科医の裁量と責任によって行われます。これは、たてまえ上、その患者さんの症状や精神疾患についての情報を最もよく把握しているのは精神科医であり、また、治療行為というものには、薬にしても精神療法にしても、患者さんに対して侵襲性(有害になる可能性)があるから、実施上の管理責任は精神科医が負うべきだ、という考え方のもとで治療が行われているからです。

看護師やソーシャルワーカーなどのスタッフは、精神科医の指示のもとに、患者さんへの働きかけを行うことになります。ここでは命令系統が明確ではありますが、スタッフにとっては治療的なかかわりの権限が明確ではないということでもあります。それは、時としてスタッフの主体性に水を差します。実際にはスタッフは、主治医よりももっと患者さんの入院生活に寄り添っており、その様子について情報をもっています。それは、患者さんにどうやって安心感をもたらしたらよいか、入院生活をどのように送ってもらえばよいか、などについて指針を出すのに役に立つことが大きいものです。

そこで最近では、入院病棟でのチームによる**カンファレンス**（**事例検討**）も頻繁に行われるようになって、スタッフの得ている情報は精神科医に積極的に伝えられ、それが精神科医が方針を出す上で役に立つものになってきているようです。チームで患者さんを診るということは、病棟でも行われるようになってきているのです。

ところで、地域で、それも訪問活動を通じて行う支援においては、このチームのありかたが、もっと大胆に変化します。

もしあなたが訪問のスタッフだとすれば、その場で何を行うのかは、患者さんとあなたとで、決めていかなければなりません。たとえ、精神科医が「服薬がちゃんとできているか、見てきてほしいな」などとあなたに期待していたとしても、訪問してみれば、家はゴミ屋敷、台所も食器が汚れたままになっていて、患者さん本人は、布団の中にうずくまっている、という状態では、いきなり薬の話をするわけにもいかないでしょう。

そのような状態で、この患者さんとどのように関係を維持し、かかわるかは、あなたにゆだねられているわけです。あなたが、どうしたら良い関係をこの患者さんと保ち、この患者さんが自分らしい人生をとりもどしていくことに貢献できるか。あなたのチームは、そのようなあなたの問いに何らかの手がかりが見えるように協力することが、その仕事になります。

もしかしたら、今述べたような状況では、患者さんは薬を飲んでいないかもしれません。薬を飲むこと自体がおっくうになって、動きがとれないということもあるかもしれません。実は不安と緊張で一日中体をこわばらせて、焦りの気持ちでいっぱいになって過ごしているのかもしれません。こんな時には、「まずお薬を飲みましょう」という問いかけはほとんど役に立たないようにも思います。あなたに訪問に来てもらうことが楽しい、少なくともいやではない、という関係性をつくるためのかかわりのほうが優先されることのように思うのです。

このときには、あなたがこのかかわりのリーダーです。決して精神科医の指示のもとにふるまうのではなく、あなたという人の能力を十分に活用して、相手に向き合うのです。たとえば、「いま、この患者さんが飲む気になるのは、一日一回、寝る前に、少し気持ちよく眠れるようにと飲む、一粒か二粒の錠剤だけではないか」とあなたが考えたなら、それに合うように処方を考えてみるのが精神科医の仕事になります。あるいは、「この患者さんは、自分がなぜ薬を飲まなければならないのかということに強い疑問をもっていて、そのことについて専門家の意見を聞きたいと思っているようだ」と、あなたが判断すれば、精神科医もあなたと一緒に訪問して、薬の話などもするのです。

つまり、そこでは、あなたと精神科医が、患者さんの利益のために、ともに考え、工夫するというありかたが出現するのです。

このように、精神科医もチームの一員として、生活を下支えする医療に徹すること。それが、地域精神医療における精神科医のありかたのように思います。

住まいについてさまざまな選択肢をつくる

精神科の入院病棟は、「病院」である限り、病気の療養が主目的となり、患者さんは管理される立場であり、生活上の自由は狭められてしまいます。やはり、生活の場は、地域社会にあり、そこでの経験が患者さんの人生を作るのです。入院が必要な状況になったとしても、可能な限り早く退院して、生活の場でリハビリテーション活動を行ったり、仕事に復帰する練習をすることが、患者さんの生きる希望をとりもどしたり、自信を深めたりするのに役に立つと思うのです。

そのために、患者さんの住まいの確保も、僕たち支援者の重要な仕事の一つになります。

もし、あなたが精神疾患を患っているとして、年齢が、たとえば二〇代後半や、三〇代、四〇代であるとすれば、病いがあっても一人暮らしがしたい、パートナーと出会って新しい家族を作りたい、というような気持ちになることがあるのも、当然のことだと思います。

けれど、同時に、一人暮らしだと、炊事や洗濯を一人で行う自信がない、夜の時間帯が淋しくて仕方ない、夜眠れなくなったり、幻聴などの症状が出てきたりしたときにどうしたらいいかわからない、薬の飲み忘れも心配、こうしたさまざまな悩みも出てくるかもしれません。

ＡＣＴのような多職種アウトリーチ・チームによる支援をしていて思うのは、このような時、二四時間・三六五日相談可能な訪問チームが支援者としていると、多くの部分はカバーできるということです。たとえ一日一時間でも、訪問して来る人がいて、その人たちには安心感がもて、一緒に買い物をしたり、料理を作ったり、心配ごとや症状への対処を一緒に考えたり、一人では難しい役所の手続きにつき合ってくれたりして、その間にも雑談が出来たり、ちょっと冗談が言えたりしたら、それは、あなたがちょっと頑張ろう、という気持ちを膨らましてはくれないでしょうか。あるいは、そのチームには二四時間電話がつながり、夜中につらくて電話した時など、短時間でもつき合ってくれたら、一人暮らしも存外楽しめたりしないものでしょうか。

あるいは、あなたが退院後、一人暮らしをする自信がまだもてないような状態や、一人暮らしのなかで、寂しさや心配が募って一人で夜を過ごすのがつらいと感じたときには、一時的に利用できる、小さな規模の二四時間ケア付き住居を利用するというのはいかがでしょうか。このような住居が気軽に利用できて、また、アウトリーチ・チームが常に支えるという体制があれば、家族による密着した支えがなくても、あなたは地域社会の中に、自分の居場所を確保できるのではないでしょうか。

また、一部には、生活をする力の回復が思うようにいかず、また、身の回りの世話が必要な状態が長く続くような、いわば「地域定着が難しい」人々のための、長期滞在を許容する二四時間ケア付き住居も必要かと思います。イギリスの先行研究(TAPS project)では、人口一〇万人当たり一八人分ほどは必要ではないかと示されていますが(Dayson, D., et al., 1992)、この数字は日本の精神科病院のベッド数の七%以下です。このような場所でも、精神医療は外部のアウトリーチ・チームが届けるようにして、住居自体は生活支援のスタッフによって担われることで、生活の匂いのある場として維持できるように思います。

この方向への変化には、ACTのほかに、精神科に特化した訪問看護の充実、障害者自立支援法における訪問型生活訓練事業、精神障害者居宅生活支援事業、厚生労働省の精神障害者地域移行・地域生活支援事業、居住サポート事業などが日本ではすすめられています。これらの支援がさらに使いやすくなり、豊かな網の目になっていくことが、地域精神医療を下支えすることになるでしょう。

働くことへつなげる精神医療にする

人が生きていく上で、仕事をする機会があるということは重要な要素でしょう。職がないという状況は、生活の糧《かて》を得るための手段がないということばかりでなく、社会に貢献している感覚や、仕事を通じた人とのつながりもないということでもあります。もちろん、企業に勤めるというありかたばかりでなく、家事や子育てに従事したり、ボランティアで働いたりすることも、「仕事をする」という概念に含まれます。このように考えると、単に金銭の獲得ばかりでなく、他者に対して何らかの貢献をする機会となることが、仕事の意義として大きいものがあるといってよいでしょう。

しかしながら、つい最近まで、精神障害をもっている人々は仕事に就くのは難しい、ストレスのために再発しかねない、だから、保護された環境である福祉的施設で簡単な作業をそこのスタッフとともにやるのがいい、つまり、一般的就労は我慢してもらうしかないということが、精神医療サイドの常識的な見方でした。このため、多くの患者さんが「働きたい」「自分で収入を得たい」と思っていても、「無理しない方が良い」という精神医療サイドの声におされ、自分の可能性をあきらめる人々が大勢いたのです。

これに対して、精神障害をもっていても、適切なサポートと工夫があれば、企業においても働くことは可能である、ということを証明して見せたのが、**援助付き雇用**や**個別就労支援**という方法論です。これらの方法論が示しているポイントは三つあると思います。

たとえば、あなたが精神障害をもっていて、企業で働きたいと思っているとしましょう。

ポイントの一番目は、就職にあたって、あなたが就労支援のスタッフ、生活支援のスタッフ、医療支援のスタッフなどとチームを組むということです。そうすれば就職実現のためのさまざまなハードルを乗り越えることは、より容易になります。

就労支援のスタッフは、企業があなたに望んでいることを把握したり、あなたが就職を希望する企業の中に、あなたにふさわしい仕事を見出すのに役に立ちます。生活支援のスタッフは、仕事を継続するのに必要な一日の生活のリズムや食事のこと、悩みごとの相談などで活躍してくれます。医療スタッフは、必要な薬の量の調整や病気とのつき合い方についてのあなたの工夫を増やすことに役に立つはずです。それぞれのスタッフが積極的に地域社会に出向いて、あなたばかりでなく、企業やハローワーク(公共職業安定所)の人々、あるいは、あなたのご家族などと、しょっちゅう対話を重ねることでこれらは実現できるのです。ＡＣＴのような多職種アウトリーチ・チームがあることは、このことを可能にします。

二番目は、支援の発想を「準備してから実行(train then place)」ではなく、「まず現場に出て、そこで練習(place then train)」に変えていくことです。もしあなたが、企業で働く前に、福祉作業所で二年間は働かなくてはならないと言われたら、あなたの気持ちは萎《な》えてしまわないでしょうか。さらに困ったことは福祉作業所での仕事の体験と企業でのそれとの間に、質や量の大きなギャップがあるということです。漫然と作業所の中で時間を過ごすより、まず、企業の現場で実習をしたり、最初は短時間の就労であっても、実際の職場で仕事をしたりして、そこでの課題に取り組んでいったほうが、地域社会の中での役割を確実にとれるようになるのです。実際、このような発想による支援は、実証研究によって有用であるとの結果が出ています。

三番目は、仕事の継続のためには、就職してからの、時機を得た支援が重要だということです。

下肢に障害がある人にとって、車椅子や義足が必要なように、精神に障害があり、人との関係性に敏感になっている人々にとっては、コミュニケーション自体のコーチになったり、さまざまな相談にのってくれる人の存在が、安心感や安全保障感を維持するために必要なのです。また、企業の側もそのような人の存在や、医療的な支援者の存在がしっかりしていると、より安心して雇用を進めることが出来ます。

あなたが仕事をしたいと思ったときに、あなたの医療スタッフが、「精神障害をもっていても人は仕事に就くことが出来る」ということを強い信念としてもち、あなたとともに地域社会にしょっちゅう出向き、生活や就職活動を支える支援者をチームの中にもつようになったら、あなたの可能性は大きく広がります。日本には**障害者雇用促進法**という法律があり、一定以上の規模の民間企業は社員の約二%の人数の障害者を雇用しなくてはならないことになっています。これを**法定雇用率**といいます。このような制度も活用し、就職する。単に病気の症状を収めることだけではなく、生活をする上でのあなたの希望を明らかにして、すこしでも、あなたが地域社会の中で生きていくつながりを増やす。ＡＣＴのようにアウトリーチによって町の中を駆け回る地域精神医療では、このような支援が可能になるのです。

おわりに

たとえ重い精神障害をもっていても、地域社会の中で自分らしい生活を実現・維持できるような社会のありかたを実現したい。

そうした思いから僕たちはＡＣＴという支援プログラムに注目し、その日本での実践の実現に試行錯誤を繰り返してきました。

二〇〇九年には、志を同じくする仲間が集まり、「ＡＣＴ全国ネットワーク」という任意団体を立ち上げ、年に一回の全国研修会の開催のほか、ＡＣＴに関する研修会や文献などの情報発信を行ってきました。このネットワークは、二〇二〇年に法人化および名称変更を行い、「一般社団法人コミュニティ・メンタルヘルス・アウトリーチ協会：略称アウトリーチネット」(https://www.outreach-net.or.jp/)として活動しています。アウトリーチネットは、「アウトリーチ(訪問型支援)という切り口で、メンタルヘルス支援ニーズがある人を中心に、社会的孤立状態にある人たちが地域の中で自分らしい暮らしができる社会の実現に寄与すること」を目的としています。その中で、全国のＡＣＴチームも引き続き活動しています(二〇二二年五月現在、巻末のリスト参照)。

日本における地域精神医療は、いま、ようやく、その可能性が見えてきたところです。

日本では、医療機関がフリーアクセス、つまり、原則として、だれでも、どこの医療機関でも受診できるという特徴をもって発達してきました。そのため、ある地域の医療を誰がどのように責任をもって支えるか、という観点からのシステム構築は、かなり緩やかであったと僕は思います。

けれど、精神障害をもつ人々を地域社会で支えることを考えると、精神医療と生活支援、就労支援は、一つの地域社会の中で結びついている必要があります。また、生活支援にも、日常生活を支えることに加えて、経済的な支援や、住まいの確保の支援、あるいは互いが孤立しないよう仲間とのつながりをつくる支援などの広がりがありますから、行政や不動産関係者、それに町内会(自治会)の人々、企業関係者など、僕たちの業界の外側の人々とのつながりも欠かせません。医療支援にも、生活を維持するための医療から、ストレスにさらされたときに早めに対処する医療、また、身体の健康を守ることのできる医療などの広がりがあり、いくつもの機関がつながりをもっていることが効率的です。

そう考えると、地域精神医療は、病院やクリニックなどの点だけでなく、保健や福祉も含めたいくつもの点と、それらをつなぐアウトリーチ・チームによって構成される、「面をおおう精神医療」、正確には「面をおおう精神保健医療福祉」としての包括的ケアが地域社会の中にあることが、目指される姿でしょう。

このように考えると、僕たちがこれからも考え、実行していくことが必要な課題はまだまだたくさんあります。

たとえば、あなたやその家族が精神疾患を患ったとして、地域社会の中で、どのような医療や支援が得られるのか、その情報が得られる総合相談窓口は必要でしょうし、そこには、状態によってそれにふさわしい支援を得られるような、門番機能・振り分け機能が必要でしょう。支援が不適切だったときに、あなたの権利を守る権利擁護の窓口も別にあることが求められます。また、地域社会全体を考えると、これから必要な支援は何かを検討する委員会機能もどこかが担う必要があるでしょう。さらには、精神医療に関する専門家や市民の意識改革、また、職種間の権力構造の見直し、そして、支援における人と人との関係性を変えることなどにも、息の長い運動として取り組んでいくことが、これからの地域精神医療の発展には欠かせません。

これらの山積みの課題を、一つ一つ、克服していくこと、走りながら、考えながら、多くの人々の力を借りながら、挑戦していくこと。この、大変だけれど、価値のある活動をすすめることが、ひいては「こころの健康」をまもり、育んでいく社会づくりにつながると思うのです。

つたない文章を、最後までお読みくださり、どうもありがとうございました。

【引用・参考文献】

Dayson, D., Gooch, C. and Thornicroft, G., 'The Taps Project. 16. Difficult to Place, Long-Term Psychiatric-Patients: Risk-Factors for Failure to Resettle Long Stay Patients in Community Facilities', *British Medical Journal*, 305, 993-995, 1992.

Deegan, Patricia, 'Recovery and the Conspiracy of Hope', Presented at "There's a Person in Here", *The Sixth Annual Mental Health Services Conference of Australia and New Zealand*, Brisbane, Australia, 1996.

Ito, J., Oshima I., Nishio M., et al., "The Effect of Assertive Community Treatment in Japan", *Acta Psychiatr Scand*, 123, 398-401, 2011.

大熊一夫『精神病院を捨てたイタリア　捨てない日本』岩波書店、二〇〇九年。

チャールズ・A・ラップ／リチャード・J・ゴスチャ著、田中英樹監訳『ストレングスモデル――精神障害者のためのケースマネジメント　第二版』金剛出版、二〇〇八年。

デボラ・R・ベッカー／ロバート・E・ドレイク著、大島巌・松為信雄・伊藤順一郎監訳『精神障害をもつ人たちのワーキングライフ――IPS：チームアプローチに基づく援助付き雇用ガイド』金剛出版、二〇〇四年。

西尾雅明、伊藤順一郎、鎌田大輔ほか「パイロット・アウトカム研究」『厚生労働科学研究補助金（こころの健康科学事業）「重症精神障害者に対する包括型地域生活支援プログラムの開発に関する研究」研究報告書』（主任研究者・伊藤順一郎）、二〇〇六年。

〈名前〉　〈所在地〉
あうとりーち十勝　北海道帯広市
north-ACT　札幌市
S-ACT　仙台市
KUINA　茨城県ひたちなか市
CMHT Asahi　千葉県旭市
ACT-Aile　千葉県鎌ケ谷市
ACT-J　千葉県市川市
ACT-ONE　東京都墨田区
PORT　東京都小平市
Team ぴあ　浜松市
ACT あいち　名古屋市
iACT　富山市
富山市民 ACT　富山市
ACT-K　京都市
ACT-ひふみ　大阪府吹田市
ACT-Zero 岡山　岡山市
HARE ACT　岡山市
ACT ひろしま Libertá　広島県安芸郡
NACT　島根県浜田市
Q-ACT 北九州　北九州市
Q-ACT やはた　北九州市
Q-ACT　福岡市
Q-ACT くるめ　福岡県久留米市
ちはや ACT　福岡市
SAGA ACT　佐賀市
AI-ACT　長崎県諫早市

日本の ACT チーム（2022 年 5 月現在）

伊藤順一郎

1954年生まれ．千葉大学医学部卒．旭中央病院精神科，千葉大学医学部精神科，国立精神・神経センター（現，国立精神・神経医療研究センター）精神保健研究所社会復帰研究部部長を経て，現在，メンタルヘルス診療所しっぽふぁーれ院長．

2003年に研究事業としてACT-Jを立ち上げ，現在はNPO法人リカバリーサポートセンターACTIPSの理事として，活動を支える．そのほか，ACT全国ネットワーク代表幹事や，当事者の視点を活動の中心にすえるNPO法人地域精神保健福祉機構（通称，コンボ[COMHBO]）の共同代表理事なども務める．

著書に『SSTと心理教育』（共著，中央法規出版），『統合失調症とつき合う――治療・リハビリ・対処の仕方』（保健同人社），『家族で支える摂食障害』（編集，保健同人社），『統合失調症の人の気持ちがわかる本』（監修，講談社），『リカバリーを応援する個別就労支援プログラム IPS入門』（監修，コンボ）など．

精神科病院を出て，町へ――ACTがつくる地域精神医療　岩波ブックレット854

2012年11月6日　第1刷発行
2022年6月6日　第5刷発行

著　者　伊藤《いとう》 順一郎《じゅんいちろう》

発行者　坂本政謙

発行所　株式会社 岩波書店
〒101-8002 東京都千代田区一ツ橋2-5-5
電話案内 03-5210-4000　営業部 03-5210-4111
https://www.iwanami.co.jp/booklet/

印刷・製本　法令印刷　装丁　副田高行　表紙イラスト　藤原ヒロコ

ISBN 978-4-00-270854-6　Printed in Japan